"Cultivo
una rosa blanca..."

JOSÉ MARTÍ

"**Cultivo
una rosa blanca...**"

Antología

*Los más bellos
poemas del autor*

AMEGHIN⊕
EDITORA

Diseño de Cubierta: Diego Linares
Diseño de Interiores: Fabiana E. Riancho

1º Edición: Julio 1997
2ª Edición: Octubre 1999

Derechos reservados en toda edición en castellano

ISBN: 987-9216-05-9

© 1997, 1999, Ameghino Editora S.A.
Corrientes 868, Rosario - Argentina
Venezuela 1820, Buenos Aires - Argentina

Hecho el depósito que prevé la Ley 11.723

Amor errante

Hijo, en tu busca
cruzo los mares:
las olas buenas
a ti me traen:
los aires frescos
limpian mis carnes
de los gusanos
de las ciudades;
pero voy triste
porque en los mares
por nadie puedo
verter mi sangre.
¿Qué a mí las ondas
mansas e iguales?
¿Qué a mí las nubes,
joyas volantes?
¿Qué a mí los blandos
juegos del aire?
¿Qué la iracunda
voz de huracanes?
A éstos —¡la frente
hecha a domarles!
a los lascivos
besos fugaces

de las menudas
brisas amables,–
¡mis dos mejillas
secas y exangües,
de un beso inmenso
siempre voraces!
Y ¿a quién, el blanco
pálido ángel
que aquí en mi pecho
las alas abre
y a los cansados
que de él se amparen
y en él se nutran
busca anhelante?
¿A quién envuelve
con sus suaves
alas nubosas
mi amor errante?
¡Libres de esclavos
cielos y mares,
por nadie puedo
verter mi sangre!

Y llora el blanco
pálido ángel:
¡Celos del cielo
llorar le hacen,
que a todos cubre
con sus celajes!

Las alas níveas
cierra, y ampárase
de ellas el rostro
inconsolable:
—Y en el confuso
mundo fragante
que en la profunda
sombra se abre,
donde en solemne
silencio nacen
flores eternas
y colosales,
y sobre el dorso
de aves gigantes
despiertan besos
inacabables,—
¡risueño y vivo
surge otro ángel!

La noche es la propicia

*L*a noche es la propicia
amiga de los versos. Quebrantada,
como la mies bajo la trilla, nace
en las horas ruidosas la Poesía.
A la creación la oscuridad conviene;
las serpientes, de día entrelazadas
al pensamiento, duermen: las vilezas
nos causan más horror, vistas a solas.
Deja el silencio una impresión de altura:
y con imperio pudoroso, tiende
por sobre el mundo el corazón sus alas.
¡Noche amiga, noche creadora!:
más que el mar, más que el cielo, más que el ruido
de los volcanes, más que la tremenda
convulsión de la tierra, tu hermosura
sobre la tierra la rodilla encorva.
A la tarde con paso majestuoso
por su puerta de acero entre la altiva
naturaleza, calla, y cubre al mundo
la oscuridad fecunda de la noche:
surge el vapor de la fresca tierra;
plegan sus bordes las cansadas hojas;
y en el ramaje azul tiemblan los nidos.
Como en un cesto de coral, sangrientas,

en el día, las bárbaras imágenes
frente al hombre, se estrujan: tienen miedo,
y en la taza del cráneo adolorido
crujen las alas rotas de los cisnes
que mueren del dolor de su blancura.
¡Oh, cómo pesan en el alma triste
estas aves crecidas que le nacen
y mueren sin volar! ¡Flores de plumas
bajo los pobres versos, estas flores,
flores de funeral mortandad!
¿Dónde, lo blanco
podrá, segura el ala, abrir el vuelo?
¿Dónde no será crimen la hermosura?

Oleo sacerdotal unge las sienes
cuando el silencio de la noche empieza:
y como reina que se sienta, brilla
la majestad del hombre acorralada.
Vibra el amor, gozan las flores, se abre
al beso de un creador que cruza
la sazonada mente: el frío invita
a la divinidad; y envuelve al mundo
la casta soledad, madre del verso.

Dos milagros

$\mathscr{I}$ba un niño travieso
　　cazando mariposas;
las cazaba el bribón, les daba un beso,
y después las soltaba entre las rosas.

Por tierra, en un estero,
　　estaba un sicomoro;
le da un rayo de sol, y del madero
muerto, sale volando un ave de oro.

La perla de la mora

Una mora de Trípoli tenía
una perla rosada, una gran perla,
y la echó con desdén al mar un día:
—"¡Siempre la misma! ¡Ya me cansa verla!"
Pocos años después, junto a la roca
de Trípoli... ¡la gente llora al verla!
Así le dice al mar la mora loca:
—"¡Oh mar! ¡Oh mar! ¡Devuélveme mi perla!"

Vino el amor mental...

ino el amor mental: ese enfermizo
febril, informe, falso amor primero,
¡ansia de amar que se consagra a un rizo,
como, si a tiempo pasa, al bravo acero!

Vino el amor social: ese alevoso
puñal de mango de oro oculto en flores
que donde clava, infama: ese espantoso
amor de azar, preñado de dolores.

Vino el amor del corazón: el vago
y perfumado amor, que al alma asoma
como el que en bosques duerme, eterno lago,
la que el vuelo aun no alzó, blanca paloma.

Y la púdica lira, al beso ardiente
blanda jamás, rebosa a esta delicia,
como entraña de flor, que al alba siente
de la luz no tocada la caricia.

Sé, mujer, para mí...

Sé, mujer, para mí, como paloma
sin ala negra;
bajo tus alas mi existencia amparo:
¡No la ennegrezcas!

Cuando tus pardos ojos, claros senos
de natural grandeza,
en otro que no en mí sus rayos posan
¡muero de pena!

Cuando miras, envuelves, cuando miras,
acaricias y besas:
Pues ¿cómo he de querer que a nadie mires
paloma de ala negra?

En un dulce estupor...

En un dulce estupor soñando estaba
con las bellezas de la tierra mía;
fuera, el invierno lívido gemía,
y en mi cuarto sin luz el sol brillaba.

La sombra sobre mí centelleaba
como un diamante negro, y yo sentía
que la frente soberbia me crecía,
y que un águila al cielo me encumbraba.

Iba hinchando este gozo el alma oscura,
cuando me vi de súbito estrechado
contra el seno fatal de una hermosura:

y al sentirme en sus brazos apretado,
me pareció rodar desde una altura
y rodar por la tierra despeñado.

¿Cómo me has de querer?...

¿Cómo me has de querer? como el animal
que lleva en sí a sus hijos,
como al santo en el ara envuelve
la lengua de humo oloroso del incienso,
como la luz del sol baña la tierra llana.
¿Que no puedes? Ya lo sé. De estrellas
añorándose está la novia muda;
yo en mis entrañas tallaré una rosa,
y como quien engarza en plata una,
mi corazón engarzaré en su seno:
caeré a sus pies, inerme, como cae
suelto el león a los pies de la hermosa
y con mi cuerpo abrigaré sus plantas
como olmo fecundo, que aprieta
la raíz de un mal; mi planta humana
mime en planta, mi mujer de estrella,
hacia mí tenderá las ramas pías
y me alzará, como cadáver indio
me tendrá expuesto al sol, y de sus brazos
me iré perdiendo en el azul del cielo.
¡Pues así muero yo de ser amado!

Y te busqué...

Y te busqué por pueblos,
y te busqué en las nubes,
y para hallar tu alma,
muchos lirios abrí, lirios azules.

Y los tristes llorando me dijeron:
—¡Oh, qué dolor tan vivo!
¡Que tu alma ha mucho tiempo que vivía
en un lirio amarillo!—

Mas dime —¿cómo ha sido?
¿Yo mi alma en mi pecho no tenía?
Ayer te he conocido,
y el alma que aquí tengo no es la mía.

La copa envenenada...

*D*esque toqué, señora, vuestra mano
blanca y desnuda en la brillante fiesta,
en el fiel corazón intento en vano
los ecos apagar de aquella orquesta!

Del vals asolador la nota impura
que en sus brazos de llama suspendidos
rauda os llevaba —al corazón sin cura,
repítenla amorosos mis oídos.

Y cuanto acorde vago y murmurío
ofrece al alma audaz la tierra bella,
fínjenlos el espíritu sombrío,
tenue, cambiante, de la nota aquélla.

¡Oigola sin cesar! Al brillo ciego,
en mi torno la miro vagorosa
mover con lento son alas de fuego
y mi frente a ceñir tenderse ansiosa.

¡Oh! Mi trémula mano, bien sabría
al aire hurtar la alada nota hirviente
y, con arte de dulce hechicería,
colgando adelfas a la copa ardiente,

en mis sedientos brazos desmayada
daros, señora, matador perfume:
mas yo apuro la copa envenenada
y en mí acaba el amor que me consume.

Versos sencillos...

I

Yo soy un hombre sincero
de donde crece la palma,
y antes de morirme quiero
echar mis versos del alma.

Yo vengo de todas partes
y hacia todas partes voy:
arte soy entre las artes;
en los montes, monte soy.

Yo sé los nombres extraños
de las yerbas y las flores,
y de mortales engaños,
y de sublimes dolores.

Yo he visto en la noche oscura
llover sobre mi cabeza
los rayos de lumbre pura
de la divina belleza.

Alas nacer vi en los hombros
de las mujeres hermosas:
y salir de los escombros,
volando las mariposas.

He visto vivir a un hombre
con el puñal al costado,
sin decir jamás el nombre
de aquella que lo ha matado.

Rápida, como un reflejo,
dos veces vi el alma, dos:
cuando murió el pobre viejo,
cuando ella me dijo adiós...

Temblé una vez —en la reja,
a la entrada de la viña—,
cuando la bárbara abeja
picó en la frente a mi niña.

Gocé una vez, de tal suerte
que gocé cual nunca: —cuando
la sentencia de mi muerte
leyó el alcaide llorando. [...]

Si dicen que del joyero
tome la joya mejor,
tomo a un amigo sincero
y pongo a un lado el amor. [...]

Oculto en mi pecho bravo
la pena que me lo hiere:
el hijo de un pueblo esclavo
vive por él, calla y muere.

Todo es hermoso y constante
todo es música y razón,
y todo, como el diamante,
antes que luz es carbón. [...]

II

Yo sé de Egipto y Nigricia
y de Persia y Xenophonte,
y prefiero la caricia
del aire fresco del monte.

Yo sé las historias viejas
del hombre y de sus rencillas
y prefiero las abejas
volando en las campanillas.

Yo sé del canto del viento
en las ramas vocingleras:
nadie me diga que miento,
que lo prefiero de veras.

Yo sé de un gamo aterrado
que vuelve al redil, y expira,
y de un corazón cansado
que muere oscuro y sin ira.

III

[...] Con los pobres de la tierra
quiero yo mi suerte echar;

el arroyo de la sierra
me complace más que el mar.

Denle al vano el oro tierno
que arde y brilla en el crisol;
a mí denme el bosque eterno
cuando rompe en él el sol.

Yo he visto el oro hecho tierra
barbullendo en la redoma;
prefiero estar en la sierra
cuando vuela una paloma.

Busca el obispo de España
pilares para su altar.
¡En mi templo, en la montaña,
el álamo es el pilar!

Y la alfombra es puro helecho,
y los muros, abedul,
y la luz viene del techo
del techo del cielo azul.

El obispo, por la noche,
sale, despacio, a cantar;
monta, callado, en su coche,
que es la piña de un pinar.

Las jacas de su carroza
son dos pájaros azules,

y canta el aire y retoza
y cantan los abedules.

¡Duermo en mi cama de roca
mi sueño dulce y profundo!
Roza una abeja mi boca
y crece en mi cuerpo el mundo. [...]

IV

Yo visitaré anhelante
los rincones donde a solas
estuvimos yo y mi amante
retozando con las olas.

Solos los dos estuvimos,
solos, con la compañía
de dos pájaros que vimos
meterse en la gruta umbría. [...]

Después, del calor al peso,
entramos por el camino,
y nos dábamos un beso
en cuanto sonaba un trino.

¡Volveré, cual quien no existe,
al lago mudo y helado:
clavaré la quilla triste:
posaré el remo callado!

V

Si ves un monte de espumas,
es mi verso lo que ves;
mi verso es un monte, y es
un abanico de plumas.

Mi verso es como un puñal
que por el puño echa flor;
mi verso es un surtidor
que da un agua de coral.

Mi verso es de un verde claro
y de un carmín encendido
mi verso es un ciervo herido
que en el monte busca amparo. [...]

VI

Si quieren que de este mundo
lleve una memoria grata,
llevaré, padre profundo,
tu cabellera de plata.

Si quieren, por gran favor,
que lleve más, llevaré
la copia que hizo el pintor
de la hermana que adoré.

Si quieren que a la otra vida
me lleve todo un tesoro,

¡llevo la trenza escondida
que guardo en mi caja de oro!

IX

Quiero, a la sombra de un ala,
contar este cuento en flor:
la niña de Guatemala,
la que se murió de amor.

Eran de lirios los ramos,
y las orlas de reseda
y de jazmín: la enterramos
en una caja de seda.

...Ella dio al desmemoriado
una almohadilla de olor;
él volvió, volvió casado;
ella se murió de amor.

Iban cargándola en andas
obispos y embajadores;
detrás iba el pueblo en tandas
todo cargado de flores.

...Ella, por volverlo a ver,
salió a verlo al mirador;
él volvió con su mujer:
ella se murió de amor.

Como de bronce candente
al beso de despedida
era su frente– ¡la frente
que más he amado en mi vida!

...Se entró de tarde en el río,
la sacó muerta el doctor;
dicen que murió de frío
yo sé que murió de amor.

Allí, en la bóveda helada,
la pusieron en dos bancos:
besé su mano afilada,
besé sus zapatos blancos.

Callado, al oscurecer,
me llamó el enterrador:
¡Nunca más he vuelto a ver
a la que murió de amor! [...]

XIII

Por donde abunda la malva
y da el camino un rodeo,
iba un ángel de paseo
con una cabeza calva.

Del castañar por la zona
la pareja se perdía:
la calva resplandecía
lo mismo que una corona.

Sonaba el hacha en lo espeso,
y cruzó un ave volando:
pero no se sabe cuándo
se dieron el primer beso.

Era rubio el ángel; era
el de la calva radiosa,
como el tronco a que amorosa
se prende la enredadera.

XIV

Yo no puedo olvidar nunca
la mañanita de otoño
en que le salió un retoño
a la pobre rama trunca.

La mañanita en que, en vano,
junto a la estufa apagada,
una niña enamorada
le tendió al viejo la mano. [...]

XIX

Por tus ojos encendidos
y lo mal puesto de un broche,
pensé que estuviste anoche
jugando a juegos prohibidos.

Te odié por vil y alevosa:
te odié con odio de muerte;

náusea me daba de verte
tan villana y tan hermosa.

Y por la esquela que vi
sin saber cómo ni cuándo,
sé que estuviste llorando
toda la noche por mí.

XX

Mi amor del aire se azora;
Eva es rubia, falsa es Eva;
viene una nube, y se lleva
mi amor, que gime y que llora.

Se lleva mi amor que llora
esa nube que se va.
Eva me ha sido traidora:
¡Eva me consolará! [...]

XXIII

Yo quiero salir del mundo
por la puerta natural;
en un carro de hojas verdes
a morir me han de llevar.

¡No me pongan en lo oscuro
a morir como un traidor:
yo soy bueno, y como bueno
moriré de cara al sol! [...]

XXVI

Yo que vivo, aunque me he muerto,
soy un gran descubridor,
porque anoche he descubierto
la medicina de amor.

Cuando al peso de la cruz
el hombre morir resuelve,
sale a hacer bien, lo hace, y vuelve
como de un baño de luz. [...]

XXXIII

De mi desdicha espantosa
siento, oh estrellas, que muero:
yo quiero vivir, yo quiero
ver a una mujer hermosa.

El cabello, como un casco,
le corona el rostro bello:
brilla su negro cabello
como un sable de Damasco.

¿Aquélla?... ¡Pues pon la hiel
del mundo entero en un haz,
y tállala en cuerpo, y haz
un alma entera de hiel!

¿Esta? ...Pues esta infeliz
lleva escarpines rosados,

y los labios corolados,
y la cara de barniz.

El alma lúgubre grita:
"¡Mujer, maldita mujer!"
¡No sé yo quién pueda ser
entre las dos la maldita! [...]

XXXVII

Aquí está el pecho, mujer,
que ya sé que lo herirás:
¡Más grande debiera ser
para que lo hirieses más!

Porque noto, alma torcida,
que en mi pecho milagroso,
mientras más honda la herida,
es mi canto más hermoso! [...]

XXXIX

Cultivo una rosa blanca
en julio como en enero,
para el amigo sincero
que me da su mano franca.

Y para el cruel que me arranca
el corazón con que vivo,
cardo ni ortiga cultivo:
cultivo la rosa blanca. [...]

XLIII

Mucho señora daría
por tender sobre tu espalda
tu cabellera bravía,
tu cabellera de gualda:
    despacio, la tendería,
    callado, la besaría.

Por sobre la oreja fina
baja lujoso el cabello;
lo mismo que una cortina
que se levanta hacia el cuello,
    la oreja es obra divina
    de porcelana de China.

Mucho, señora, te diera
por desenredar el nudo
de tu roja cabellera
sobre tu cuello desnudo:
    Muy despacio la esparciera,
    hilo por hilo la abriera.

Una virgen espléndida

*U*na virgen espléndida —morada
de un sol de amor, que por sus negros ojos
brota, pregunta, abraza y acaricia—
versos me pide, versos de mujeres.
¡Arrullos de paloma,
murmullos de sunsunes,
suspiros de tojosas!

Yo podré, en noche ardiente
trovando amor al pie de su ventana,
en tal aura envolverla,
con tal fuego besarla,
que al nuevo amanecer, nadie vería
en su cutis la flor que lo teñía.

¡Calla, mi amigo amor! Que nadie sepa
que yo llevo en los labios la flor roja
que su mejilla cándida lucía,
y el candor, y la flor, y el frágil vaso,
mío es todo, puesto que ella es mía,
y la madre amorosa,
de sagrado temor y amor movida,
dijérale a la pálida: —¿y la rosa
de tu mejilla fresca dónde es ida?

Guantes azules

I

$\mathcal{S}$e me ha entrado por el alma
una banda de palomas:
me ha crecido y sale afuera
un rosal lleno de rosas;
una luna apacible se levanta
sobre un campo poblado por las tórtolas;
un guerrero gigante resplandece
de pie, cual fuste de oro, entre las momias;
me parece que sube por el cielo
la madreselva que tu cuarto aroma.

II

Calla, apaga la luz, deja que suba
el vapor de la tierra, y se levante
en la sombra el amor de nuestras almas;
caerán las cosas; dormirá la vida;
sólo tú y yo, gigantes desposados,
nos erguiremos de la tierra al cielo;
coronarán tu frente las estrellas;
de los astros sin luz te haré un anillo.

III

Yo llevo en las desdichas aprendida
una ciencia callada,

que reposa, como una puñalada,
en las entrañas mismas de mi vida.
Yo sé de la parcial sabiduría
con que el hombre se nutre y aconseja;
pero yo no sabía
lo que sabe la rosa de la abeja.

¡Dios las maldiga!...

¡Dios las maldiga! Hay madres en el mundo
que apartan a los padres de sus hijos:
¡Y preparan al mal sus almas blancas
y les derraman odio en los oídos!
¡Dios las maldiga! Oh, cielo, ¿no tendrás
un Dios más cruel que las maldiga más?

¡Dios las maldiga! Frívolas e impuras
guardan tal vez el cuerpo con recato,
como un vaso de Sevres donde humean
hidras ardientes y espantosos trasgos.
¡Dios las maldiga, y si pueda sepulte
todo rostro que el alma real oculte!

¡Dios las maldiga! ¡Ciegas, y sensibles
del mundo sólo a los ligeros goces,
odian, como a un tirano, al que a sus gustos
la majestad de la pureza opone!
¡Dios las maldiga, y cuanto hacerse quiera
de las joyas de Dios aro y pulsera!

¡Dios las maldiga! Untadas las mejillas,
frente y manos cubiertas de albayalde,
con la mano pintada, ¡al justo acusan

que de su amor infecundo se deshace!
¡Dios las maldiga, y a la ruin caterva
de esclavas que el honor del hombre enerva!

¡Dios las maldiga! En las temblantes manos
los pedazos del pecho recogidos,
el justo irá do la piedad lo llame,
o alguien lo quiera, o se vislumbre un nido;
¡Dios las maldiga!

¡Dios las maldiga! ¡Yo he visto el pecho
horrible como un cáncer animado!
¡Sufre, que es bueno, y llora, amigo mío,
llora muriendo en mis cansados brazos!
¡Dios las perdone! ¿No se ve en este lloro
otro clavo en la Cruz y otro astro de oro?

Dentro de mí...

*D*entro de mí hay un león enfrenado:
de mi corazón he labrado sus riendas:
tú me lo rompiste: cuando lo vi roto
me pareció bien enfrenar la fiera.

Antes, cual la llama que en la estera prende,
mi cólera ardía, lucía y se apagaba:
como el león generoso en la selva
la fiebra se enciende; lo ciega, y se calma.

Pero, ya no puedes: las riendas le he puesto
y al juicio he subido en el león a caballo:
la furia del juicio es tenaz: ya no puedes.
Dentro de mí hay un león enfrenado.

Urge un huésped...

Urge un huésped muy inquieto
del lado del corazón.—
¡Muy celoso, muy celoso!-
Dormir no sabe mi huésped: no.—
Como una sierpe, se enrosca
mas no como sierpe, no.—
¡Como hoguera que consume
el lado donde está mi corazón!—

Señor: en vano intento

Señor: en vano intento
contener al león que me devora:
hasta a escribir mi amargo pensamiento
la pluma recia se me niega ahora.

Señor: mi frente fría
prenda clara te da de mi agonía:
cual seiba desraigada
mi trémula armazón cruje espantada:
no dejes que así cimbre
como a recio huracán delgado mimbre:

¡Señor, Señor! Yo siento
que esta alta torre se derrumba al viento.
A la pasión, al tigre que me muerde
el poder de embridar el alma pierde.

¡Señor, Señor! No quieras
mi pobre corazón dar a las fieras.

Señor, aún no ha caído

Señor, aún no ha caído
el roble, a padecer por ti elegido;
aún suena por su fibra
rota el eco del golpe: aún tiembla y vibra
dentro el tronco el acero, al aire el cabo:
aún es por la raíz del suelo esclavo:
Señor, el hacha fiera
blande y retiemble, y este roble muera.

Al buen Pedro

Dicen, buen Pedro, que de mí murmuras
porque tras mis orejas el cabello
en crespas ondas su caudal levanta:
¡Diles, bribón, que mientras tú en festines,
en rubios caldos y en fragantes pomas,
entre mancebas del astuto Norte,
de tus esclavos el sudor sangriento
torcido en oro, descuidado bebes,
pensativo, febril, pálido, grave,
mi pan rebaso en solitaria mesa
pidiendo ¡oh triste! al aire sordo modo
de libertar de su infortunio al siervo
¡y de tu infamia a ti! Y en estos lances,
suéleme, Pedro, en la apretada bolsa
faltar la monedilla que reclama
con sus húmedas manos el barbero.

Flores del cielo

Leí estos dos versos de Ronsard:
"Je vous envoye un bouquet que mama
vient de trier de ces fleurs épanouies..."
y escribí esto:

¿Flores? ¡No quiero flores! ¡Las del cielo
quisiera yo segar!
    ¡Cruja, cual falda
de monte roto esta lenguada veste
que me encinta y engrilla con sus miembros
como con sierpes, y en mi alma sacian
su hambre, y asoman a la cueva lóbrega
donde mora mi espíritu, su negra
cabeza, y boca roja y sonriente!
¡Caiga, como un encanto, este tejido
enmarañado de raíces! ¡Surjan
donde mis brazos alas, y parezcan
que, al ascender por la solemne atmósfera,
de mis ojos, del mundo a que van llenos,
ríos de luz sobre los hombres rueden!

Y huelguen por los húmedos jardines
bardos tibios segando florecillas.
Yo, pálido de amor, de pie en las sombras,

envuelto en gigantesca vestidura
de lumbre astral, en mi jardín, el cielo,
un ramo haré magnífico de estrellas.
¡No temblará de asir la luz mi mano!

Y buscaré donde las nubes duermen,
amada y en su seno la más viva
le prenderé, y esparciré las otras
por su áurea y vaporosa cabellera.

Odio el mar

Odio el mar, sólo hermoso cuando gime
del barco domador bajo la hendente
quilla, y como fantástico demonio
de un manto negro colosal tapado,
encórvase a los vientos de la noche
ante el sublime vencedor que pasa:
—y a la luz de los astros, encerrada
en globos de cristales, sobre el puente
vuelve un hombre impasible la hoja a un libro.

Odio el mar vasto y llano, igual y frío,
no cual la selva hojosa echa sus ramas
como sus brazos, a apretar al triste
que herido viene de los hombres duros
y del bien de la vida desconfía;
no cual honrado luchador, en suelo
firme y pecho seguro, al hombre aguarda
sino en traidora arena y movediza,
cual serpiente letal. También los mares,
el sol también, también naturaleza
para mover el hombre a las virtudes,
franca ha de ser, y ha de vivir honrada.
Sin palmeras, sin flores, me parece
siempre una tenebrosa alma desierta.

Que voy muerto, es claro: a nadie importa
y ni siquiera a mí, pero por bella,
ígnea, varia, inmortal, amo la vida.
Lo que me duele no es vivir; me duele
vivir sin hacer bien. Mis penas amo,
mis penas, mis escudos de nobleza.
No a la próvida vida haré culpable
de mi propio infortunio, ni el ajeno
goce envenenaré con mis dolores.
Buena es la tierra, la existencia es santa.
Y en el mismo dolor, razones nuevas
se hallan para vivir, y goce sumo,
claro como una aurora y penetrante.

Mueran de un tiempo y de una vez los necios
que porque el llanto de sus ojos surge
más grande y más hermoso que los mares.
Odio el mar, muerto enorme, triste muerto
de torpes y glotonas criaturas
odiosas habitado: se parecen
a los ojos del pez que de harto expira,
los del gañán de amor que en brazos tiembla
de la horrible mujer libidinosa:
—vilo, y lo dije—: algunos son cobardes,
y lo que ven y lo que sienten callan;
yo no; si hallo un infame al paso mío,
dígole en lengua clara: ahí va un infame,
y no, como hace el mar, escondo el pecho.
Ni mi sagrado verso nimio guardo

para tejer rosarios a las damas
y máscaras de honor a los ladrones.

Odio el mar, que sin cólera soporta
sobre su lomo complaciente, el buque
que entre música y flor trae a un tirano.

Copa con alas

*U*na copa con alas ¿quién la ha visto
antes que yo? Yo ayer la vi. Subía
con lenta majestad, como quien vierte
óleo sagrado; y a sus dulces bordes
mis regalados labios apretaba.
¡Ni una gota siquiera, ni una gota
del bálsamo perdí que hubo en tu beso!

Tu cabeza de negra cabellera
¿te acuerdas? con mi mano requería,
porque de mí tus labios generosos
no se apartaran. Blanda como el beso
que a ti me trasfundía, era la suave
atmósfera en redor. ¡La vida entera
sentí que a mí abrazándote, abrazaba!
¡Perdí el mundo de vista, y sus ruidos,
y su envidiosa y bárbara batalla!
¡Una copa en los aires ascendía
y yo, en brazos no vistos reclinado
tras ella, asido de sus dulces bordes,
por el espacio azul me remontaba!

¡Oh amor, oh inmenso, oh acabado artista!
En rueda o riel funde el herrero el hierro;

una flor o mujer o águila o ángel
en oro o plata el joyador cincela.
¡Tú sólo, sólo tú, sabes el modo
de reducir el Universo a un beso!

Arbol de mi alma

Como un aire que cruza el aire claro,
siento hacia mí venir tu pensamiento
y acá en mi corazón hacer su nido.
Abrese el alma en flor; tiemblan sus ramas
como los labios frescos de un mancebo
en su primer abrazo a una hermosura;
cuchichean las hojas; tal parecen
lenguaraces obreras y envidiosas,
a la doncella de la casa rica
en preparar el tálamo ocupadas.
Ancho es mi corazón, y todo tuyo.
¡Todo lo triste cabe en él, y todo
cuanto en el mundo llora, y sufre, y muere!
De hojas secas, y polvo, y derruidas
ramas lo limpio; bruño con cuidado
cada hoja, y los tallos; de las flores
los gusanos y el pétalo comido
separo; oreo el césped en contorno
y a recibirte, ¡oh pájaro sin mancha!,
apresto el corazón enajenado.

Sueño despierto

Yo sueño con los ojos
abiertos, y de día
y noche siempre sueño.
Y sobre las espumas
del ancho mar revuelto,
y por entre las crespas
arenas del desierto,
y del león pujante,
monarca de mi pecho,
montado alegremente
sobre el sumiso cuello,
¡Un niño que me llama
flotando siempre veo!

Mi caballero

Por las mañanas
mi pequeñuelo
me despertaba
con un gran beso.
Puesto a horcajadas
sobre mi pecho,
bridas forjaba
con mis cabellos.
Ebrio él de gozo,
de gozo yo ebrio,
me espoleaba
mi caballero.
¡Qué suave espuela
sus dos pies frescos!
¡Cómo reía
mi jinetuelo!
Y yo besaba
sus pies pequeños,
¡dos pies que caben
en sólo un beso!

Hijo del alma

¡*Tú* flotas sobre todo
hijo del alma!
De la revuelta noche
las oleadas,
en mi seno desnudo
déjante el alba;
y del día la espuma
turbia y amarga,
de la noche revuelta,
te echa en las aguas.
Guardiancillo magnánimo,
la no cerrada
puerta de mi hondo espíritu
amante guardas;
y si en la sombra ocultas
búscanme avaras,
de mi calma celosas,
mis penas varias,–
en el umbral oscuro
fiero te alzas,
¡y les cierran el paso
tus alas blancas!
Ondas de luz y flores
trae la mañana,

y tú en las luminosas
ondas cabalgas.
No es, no, la luz del día
la que me llama,
sino tus manecitas
en mi almohada.
Me hablan de que estás lejos:
¡locuras me hablan!
Ellos tienen tu sombra;
¡yo tengo tu alma!
Esas son cosas nuevas,
mías y extrañas.
Yo sé que tus dos ojos
allá en lejanas
tierras relampaguean,–
en las doradas
olas de aire que baten
mi frente pálida,
pudiera con mi mano,
cual si haz segara
de estrellas, segar haces
de tus miradas:
¡Tú flotas sobre todo,
hijo del alma!

Allí despacio...

¡Allí despacio te diré mis cuitas,
allí en tu boca escribiré mis versos.
¡Ven, que la soledad será tu escudo!
Ven, blanca oveja
pero, si acaso lloras, en tus manos
esconderé mi rostro, y con mis lágrimas
borraré los extraños versos míos.
¿Sufrir, tú a quien yo amo, y ser yo el casco
brutal, y tú, mi amada, el lirio roto?
No, mi tímida oveja, yo odio el lobo,
ven, que la soledad será tu escudo.

¡Oh! La sangre del alma, ¿tú la has visto?
Tiene manos y voz, y al que la vierte
eternamente entre las sombras acusa.
¡Hay crímenes ocultos, y hay cadáveres
de almas, y hay villanos matadores!
Al bosque ven: ¡del roble más erguido
un pilón labremos, y en el pilón
cuantos engañen a mujer pongamos!
Esa es la lidia humana, ¡la tremenda
batalla de los cascos y los lirios!
¿Pues los hombres soberbios, no son fieras?
¡Bestias y fieras! Mira, aquí te traigo

mi bestia muerta y mi furor domado.
Ven, a callar, a murmurar, al ruido
de las hojas de abril y los nidales.
Deja oh mi amada las paredes mudas
de esta casa ahoyada y ven conmigo
no al mar que bate y ruge sino al bosque
de rosas que hay al fondo de la selva.
Allí es buena la vida, porque es libre,
y tu virtud, por libre, será cierta.
Por libre, mi respeto meritorio.
Ni el amor, si no es libre, da ventura.

¡Oh, gentes ruines, los que en calma gozan
de robados amores! Si es ajeno
el cariño, el placer de respetarlo
mayor mil veces es que el de su goce.
¡Del buen obrar qué orgullo al pecho queda
y cómo en dulces lágrimas rebosa,
y en extrañas palabras, que parecen
aleteos, no voces! Y ¡qué culpa
la de fingir amor! ¡Pues hay tormento
como aquel, sin amar, de hablar de amores!

¡Ven, que allí triste iré, pues yo me veo!
¡Ven, que la soledad será tu escudo!

Dos patrias

$\mathcal{D}$os patrias tengo yo: Cuba y la noche.
¿O son una las dos? No bien retira
su majestad el sol, con largos velos
y un clavel en la mano, silenciosa
Cuba cual viuda triste me aparece.
¡Yo sé cuál es ese clavel sangriento
que en la mano le tiembla! Está vacío
mi pecho, destrozado está y vacío
en donde estaba el corazón. Ya es hora
de empezar a morir. La noche es buena
para decir adiós. La luz estorba
y la palabra humana. El universo
habla mejor que el hombre.
                 Cual bandera
que invita a batallar, la llama roja
de la vela flamea. Las ventanas
abro, ya estrecho en mí. Muda, rompiendo
las hojas del clavel, como una nube
que enturbia el cielo, Cuba, viuda, pasa...

Mujeres

I

Esta es rubia; ésa, oscura; aquélla, extraña
mujer de ojos de mar y cejas negras;
y una cual palma egipcia, alta y solemne
y otra, como un canario, gorjeadora.
Pasan y muerden; los cabellos luengos
echan, como una red; como un juguete
la lánguida beldad ponen al labio
casta y febril del amador que a un templo
con menos devoción que al cuerpo llega
de la mujer amada, ella sin velos
yace; ¡y a su merced! él; casto y mudo,
en la inflamada sombra alza dichoso
como un manto imperial de luz de aurora.
Cual un pájaro loco en tanto ausente
en frágil rama y en menudas flores,
de la mujer el alma travesea.
Noble furor enciende al sacerdote,
y a la insensata; contra el ara augusta
como una copa de cristal rompiera.
Pájaros, sólo pájaros. El alma
su ardiente amor reserva al universo.

II

Vino hirviente es amor: del vaso afuera,
echa, brindando al sol, la alegre espuma

y en sus claras burbujas, desmayados
cuerpos, rizosos niños, cenadores
fragantes y amistosas alamedas
y juguetones ciervos se retratan.
De joyas, de esmeraldas, de rubíes,
de ónices y turquesas y del duro
diamante, al fuego eterno derretidos,
se hace el vino satánico. Mañana
el vaso sin ventura que lo tuvo,
cual comido de hienas, y espantosa
lava mordente se verá quemado.

III

Bien duerme, bien despierte, bien recline,
—aunque no lo reclino— bien de hinojos,
ante un niño que juega el cuerpo doble,
que no se dobla a viles ni a tiranos,
siento que siempre estoy en pie. Si suelo,
cual del niño en los rizos suele el aire
benigno, en los piadosos labios tristes
dejar que vuele una sonrisa, es cierto
que así, sépalo el mozo, así sonríen
cuantos nobles y crédulos buscaron
al sol eterno en la belleza humana.
Sólo hay un vaso que la sed apague
de hermosura y amor: naturaleza
abrazos deleitosos, híbleos besos
a sus amantes pródiga regala.

IV

Para que el hombre los tallara, puso
el monte y el volcán Naturaleza;
el mar, para que el hombre ver pudiese
que era menor que su cerebro; en horno
igual, sol, aire y hombres elabora.
Porque los dome, el pecho al hombre inunda
con pardos brutos y con torvas fieras.
¡Y el hombre no alza el monte; no en el libre
aire ni el sol magnífico se trueca,
y en sus manos sin honra, a las sensuales
bestias del pecho el corazón ofrece!
A los pies de la esclava vencedora
el hombre yace deshonrado, muerto.

Astro puro

$\mathcal{D}$e un muerto —que al calor de un astro puro
de paso por la tierra, como un manto
de oro sintió sobre sus huesos tibios
el polvo de la tumba, al sol radiante
resucitó gozoso, vivió un día,
y se volvió a morir—, son estos versos:

Alma piadosa que a mi tumba llamas
y cual la blanca luz de astros de enero,
por el palacio de mi pecho en ruinas
entras, irradias, y los restos fríos
de los que en él voraces habitaron
truecas, ¡oh maga!, en cándidas palomas;
espíritus, pureza, luz, ternura,
ave sin pies que el ruido humano espanta
señora de la negra cabellera,
el verso muerto a tu presencia surge
como a las dulces horas del rocío
en el oscuro mar el sol dorado,
y álzase por el aire cuanto existe,
cual su manto, en el vuelo recogiendo,
y a ti llega, y se postra y por la tierra
en colosales pliegues
con majestad de púrpura romana,

besa tus pies, te ve pasar, señora.
¡Perfume y luz tiene por fin la tierra!
El verso aquel que a dentelladas duras
la vida diaria y ruin me remordía
y en ásperos retazos de mis secos
y codiciosos labios se exhalaba,
ora triunfante y melodioso bulle
y como ola del mar al sol sereno
bajo el espacio azul rueda en espuma:
¡Oh mago, oh mago amor!
                  Ya compañía
tengo para afrontar la vida eterna.
Para la hora de la luz, la hora
de reposo y de flor, ya tengo cita.

Esto diciendo, los abiertos brazos
tendió el cantor como a abrazar. El vivo
amor, que su viril estrofa mueve,
sólo duró lo que su estrofa dura.

Mantilla andaluza

¿*P*or qué no acaba todo, ora que puedes
amortajar mi cuerpo venturoso
con tu mantilla, pálida andaluza?
No me avergüenzo, no, de que me encuentren
clavado el corazón con tu peineta.

¡Te vas! Como invisible escolta, surgen
sobre sus tallos frescos, a seguirte
mis jazmines sin mancha y mis claveles.
¡Te vas! ¡Todos se van! Y tú me miras,
oh perla pura en flor, como quien echa
en honda copa, joya resonante,
y a tus manos tendidas me abalanzo
como a un cesto de frutas un sediento.

De la tierra mi espíritu levantas
como el ave amorosa a su polluelo.

Con letras de astros

Con letras de astros el horror que he visto
en el espacio azul grabar querría
en la llanura, muchedumbre: —en lo alto
mientras que los de abajo andan y ruedan
y sube olor de frutas estrujadas,
olor de danza, olor de lecho, en lo alto
de pie entre negras nubes, y en los hombros
cual principio de alas se descuelgan,
como un monarca sobre un trono, surge
un joven bello, pálido y sombrío.
Como estrella apagada, en el izquierdo
lado del pecho vésele abertura
honda y boqueante, bien como la tierra
cuando de cuajo un árbol se le arranca
abalánzanse, apriétanse, recójense,
ante él, en negra tropa, toda suerte
de fieras, anca al viento, y bocas juntas
en una inmensa boca—, y en bordado
plata de oro bruñido y perlas finas
su corazón el bardo les ofrece.

Fuera del mundo...

Fuera del mundo que batalla y luce
sin recordar a su infeliz cautivo,
a un trabajo servil sujeto vivo
que a la muerte temprano me conduce.
Mas hay junto a mi mesa una ventana
por donde entra la luz; ¡y no daría
este rincón de la ventana mía
por la mayor esplendidez humana!

Oh, nave...

Oh, nave, oh pobre nave:
¡Pusiste al cielo el rumbo, engaño grave!
Y andando por mar seco
con estrépito horrendo, ¡diste en hueco!
Castiga así la tierra a quien la olvida
y a quien la vida burla, hunde en la vida:
bien solitario estoy, y bien desnudo,
¡pero en tu pecho, oh niño, está mi escudo!

A bordo

*V*ela abajo, mozo arriba,
acá el roto, allá el peñasco,
ido el sol, recio el chubasco,
y el barco, no barco, criba:
Gigante el viento derriba
los hombres de las escalas;
desatadas van las balas
rodando por la cubierta,
¡y yo, en medio a la obra muerta
vivo, mi hijo en las alas!

Bien vengas...

¡**B**ien vengas, mar! De pie sobre la roca
te espero altivo: si mi barba toca
tu ola voraz, ni tiemblo, ni me aflijo:
alas tengo y huiré, ¡las de mi hijo!

Tálamo y cuna

"*D*eja, ¡oh mi esposo! la labor cansada
que tus hermosas fuerzas aniquila,
y ven bajo la bóveda tranquila
de nuestro lecho azul, con tu adorada."
Y alcé los ojos de mi libro, y vila
de susto y de dolor enajenada.
"Secos y rojos del trabajo al peso,
tus ojos mira", –pálida me dijo:
"¡Duerme!" –y me puso en la mirada un beso.

Hacia la cuna trémulo dirijo
mi vista ansiosa, y vuelvo al tosco impreso:
¡No ha derecho a dormir quien tiene un hijo!

En un campo florido...

En un campo florido en que retoñan
al sol de abril las campanillas blancas,
un coro de hombres jóvenes espera
    a sus novias gallardas.

Tiembla el ramaje, canta y aletean
los pájaros: las silvias de su nido
salen, a ver pasar las lindas mozas
    en sus blancos vestidos.

Ya se ven en parejas por lo oscuro
susurrando los novios venturosos:
volverán, volverán dentro de un año
    más felices los novios.

Sólo uno, el más feliz, uno sombrío,
con un traje más blanco que la nieve,
para nunca volver, llevaba al brazo
    la novia que no vuelve.

Un niño, de su cariño

Un niño, de su cariño,
me dio un beso tan sincero
que al morir, si acaso muero,
sentiré el beso del niño.

Vino de Chianti

*H*ay un derecho
natural al amor: ¿reside acaso
Chianti, en tu áspera gota, en tu mordente
vino, que habla y engendra, o en la justa y sabia
unión de la hermosura y el deseo?
Cuanto es bello, ya es mío: no cortejo,
ni engaño vil, ni mentiroso adulto:
de los menores es el amarillo
oro, que entre las rocas serpentea,
de los menores: para mí es el oro
del vello rubio y de la piel trigueña.
Mi título al nacer puso en mi cuna,
el sol al cielo consagró mi frente.
Yo sólo sé de amor. Tiemblo espantado
cuando, como culebras, las pasiones
del hombre envuelven tercas mis rodillas
ciñen mis muslos y echan a mis alas,
—lucha pueril— las lívidas cabezas;
por ellas tiemblo, no por mí, a mis alas
no llegará jamás: antes las cubro
para que ni las vean; el bochorno
del hombre es mi bochorno: mis mejillas
sufren de la maldad del Universo;
loco es mi amor, y, como el sol, revienta

en luz, pinta la nube, alegra la onda,
y con suave calor, como la amiga
mano que al tigre tempestuoso aquieta,
doma la sombra, y pálido difunde
su beldad estelar en las negruzcas
sirtes, tremendas abras, alevosos
despeñaderos, donde el lobo atisba,
arropado en la noche, al que la espanta
con el fulgor de su alba vestidura.

Patria en las flores

¿*Por* qué os secáis, violetas generosas,
que me dio en hora amarga mano pía?
Pues patria al alma dáis, flores medrosas,
¡no os secaréis en la memoria mía!

Era sol...

*E*ra sol: caballero en un potro,
con la rienda tendida al acaso,
fui testigo de un drama de amores:
¡Qué valor! ¡Qué caer! ¡Qué dolores!...
    Aprieto el paso...

Era sol. El fragor de la tierra
celebrar tanto amor parecía:
y el potente amador fulguraba
como un astro encendido, y volaba
    y los aires hendía.

El amor como un águila, vuela
sobre el cráneo poblado del hombre,
y tal aire en sus alas encierra
que lo empuja por sobre la tierra
    con vuelo sin nombre.

Y a tal punto el amor transfigura
que la atónita tierra no sabe
si aquel astro que vuela es ave
    o humana criatura.

La madre está sentada

*L*a madre está sentada
junto a la cuna:
por la ventana gótica calada
entre risueños quiebros de luna.

La madre está espantada,
la cuna junto,
más blanca que la sábana calada
brilla a la luna su hijo difunto.

¿Sombra... por qué te llevas
mi serafín?
—Yo necesito de flores nuevas
en mi jardín.

Ahí murió la madre arrodillada
junto a la cuna:
por la ventana gótica calada
entraba quieta la mansa luna:
¡Loco el que al cielo o a los astros fía
su pena o su alegría!
Se es en la vida leño abandonado,
al capricho del mar alborotado:
y flor, húmeda y seca, que los vientos

arrebatan violentos;
o respetan y halagan caprichosos;
¡juguetes! ¡ay! ¡nacidos
a manchar su vellón, y a andar perdidos!
Sin más mentor, desde la blanca cuna
que la razón vendada, ¡y la fortuna!

¿Música? Si es un hurto: si la muerte
a esa edad infantil no tiene derecho;
si el pesar no se ahorra,
si la sentencia es fiera,
si volverá aunque corra,
si volverá a vivir, ¡aunque se muera!
Verdad que no es perdido
el tiempo ya vivido.
Y como de la tierra lo arrebata
la muerte en su sencilla edad de plata:
¡Cuando torne ese espíritu en forma nueva,
volverá con la edad que ahora se lleva!

No hay muerto, por bien muerto
que en las entrañas de su tierra yazga,
que en otra forma, o en su forma misma,
más vivo luego, y más audaz no salga.

Monte abajo

Allá va, las entrañas encendidas,
la mole gemidora,
y esclava colosal, por hierros duros,
por selvas y por cráteres se lanza;
mas si torpe o rebelde el hierro olvida
y de los rieles fuera altiva avanza,
monte abajo deshecha se abalanza.

Del vapor del espíritu movida
va así, por entre hierros, nuestra vida:
si el camino vulgar audaz desdeña
monte abajo quebrada se despeña.

Como fiera enjaulada

Como fiera enjaulada
mi asiento dejo, empujo la entornada
puerta, vuelvo a mi libro,
los anchos ojos en sus letras clavo,
como cuerdas heridas, tiemblo y vibro,
y ruge, y muerde el alma atormentada,
como en cuerpo de mármol encerrada.

¡10 de octubre!

*N*o es un sueño, es verdad: grito de guerra
lanza el cubano pueblo, enfurecido;
el pueblo que tres siglos ha sufrido
cuanto de negro la opresión encierra.

Del ancho Cauto a la Escambraica sierra,
ruge el cañón, y al bélico estampido,
el bárbaro opresor, estremecido,
gime, solloza, y tímido se aterra.

De su fuerza y heroica valentía
tumbas los campos son, y su grandeza
degrada y mancha horrible cobardía.

Gracias a Dios que ¡al fin con entereza
rompe Cuba el dogal que la oprimía
y altiva y libre yergue su cabeza!

Carmen

El infeliz que la manera ignore
de alzarse bien y caminar con brío,
de una virgen celeste se enamore
y arda en su pecho el esplendor del mío.

Beso, trabajo, entre sus brazos sueño
su hogar alzado por mi mano; envidio
su fuerza a Dios, y, vivo en él, desdeño
el torpe amor de Tíbulo y Ovidio.

Es tan bella mi Carmen, es tan bella
que si el cielo la atmósfera vacía
dejase de su luz, dice una estrella
que en el alma de Carmen la hallaría.

Y se acerca lo humano a lo divino
con semejanza tal cuando me besa,
que en brazos de un espacio me reclino
que en los confines de otro mundo cesa.

Tiene este amor las lánguidas blancuras
de un lirio de San Juan, y una insensata
potencia de creación, que en las alturas
mi fuerza mide y mi poder dilata.

Robusto amor, en sus entrañas lleva
el germen de la fuerza y el del fuego.
Y griego en la beldad, odia y reprueba
la veste indigna del amor del griego.

Señora el alma de la ley terrena,
despierta, rima en noche solitaria
estos versos de amor; versos de pena.
Rimó otra vez, se irguió la pasionaria.

De amor al fin; aunque la noche llegue
a cerrar en sus pétalos la vida,
no hay miedo ya de que en la sombra plegue
su tallo audaz la pasionaria erguida.

Sin amores

Amada, adiós. En horas de ventura
mi mano habló de amores con tu mano:
Amarte quise ¡oh ánima sin cura
ni derecho al amor! Para tu hermano
aun sobra altivo entre mis venas fuego,
y para amarte, apenas
la sangre bulle en mis dormidas venas.

¡Oh, yo no sé! La tarde enajenada
en que al mirarnos, de una vez nos vimos,
amado me sentí, tú fuiste amada,
y callamos, y todo lo dijimos.
Después ¿lo sabes tú? Vuelta del sueño
el alma en su descanso sorprendida,
alzóse en mí contra el gallardo dueño

por la temprana esclavitud herida;
y mísera, y llorando,
esta infeliz de amores se me muere,
y por lo mismo que la estás amando,
por lo mismo esta loca no te quiere.

¡Oh, no me pidas que comprima el llanto
de soledad que ante tus ojos vierto.

Si solo estoy, de mi orfandad me espanto,
pero a mentir, ni para amarte, acierto.

Y llorarás: yo sé cómo pusiste
en el soñado altar tempranas flores.
Y triste quedas, pero yo más triste
de amores vivo y muerto sin amores.

Amarte quise. Peregrino ciego
yo sé el amor al cabo del camino,
mas ¡cómo en tanto devorando el fuego
el alma va del pobre peregrino!

Engaño, infamia. Si en tu amor pusiera
un punto solo de una vil mentira,
vergüenza al punto de mentir rompiera
la cuerda audaz de la cobarde lira.

Si brusco soy, si de soberbia herido,
te hiero a ti, ni mi perdón te imploro.
Vencí otra vez; yo quiero ser vencido,
y en busca aquí de quien me venza, lloro.

¡Perdón, perdón! Yo puse en mis miradas
el fuego extraño de la patria mía,
allá donde la vida en alboradas
perpetuas se abre el palpitar del día.

¡Perdón! No supe que una vez surcado
un corazón por el amor de un hombre,

ido el amor, el seno ensangrentado
doliendo queda de un dolor sin nombre.

¡Perdón, perdón! Porque en aquel instante
en que quise soñar que te quería,
olvidé por tu mal que cada amante
pone en el corazón su gota fría.

Y si es verdad que, de su bien cansado,
no te ama ya mi corazón, perdona,
en gracia al menos por haberte amado,
este adiós que a la nada me abandona.

¡Oh pobre ánima mía,
quemada al fuego de su propio día!

Aves inquietas

I

Las aves adormidas
que bajo el cráneo y bajo el pecho aliento
como presagios de futuras vidas,
aleteando con ímpetu violento
despertaron ayer, a la manera
con que el loco desorden de la fiera
copia airado el océano turbulento,
trasponiendo espumante
las rocas, presa de su hervor gigante.

II

La voz se oyó de la mujer amada,
habló de amor con sus acentos suaves,
y las rebeldes aves
en trémula bandada,
las alas que su cárcel fatigaron
en mi cráneo y mi pecho reposaron,
cual Rojo mar en los ardientes brazos
de Egipto se desmaya,
fecundando con lánguidos abrazos
las calientes arenas de la playa.

Dolora griega

—¿De qué estás triste?
  —De amor.
-¿Por quién?
   —Por cierta doncella.
-¿Muy bella, pues?
    —¡Pues muy bella!
Estoy muy triste de amor.

-¿Dónde la hallaste?
  —La hallé
en una gruta florida.
-¿Y está vencida?
   —Vencida;
la adulé, la regalé.

—Y ¿para cuándo, ¡oh galán!
valiente galán de todas?,
¿Para cuándo son las bodas?
—Pues las bodas no serán.
Y estoy de pesar que muero,
y la doncella es muy bella;
pero mi linda doncella
no tiene un centavo entero.

–¿Y estás muy triste de amor,
galán cobarde y sin seso?
Amor, menguado, no es eso:
amor cuerdo no es amor.

En estas pálidas tierras...

*E*n estas pálidas tierras,
¡oh niña!, en silencio muero.
Como la queja deshonra,
    yo no me quejo.

Del mutuo amor de los hombres
el magnífico concierto,
de la pasión —nuestra vida—
    no escucho el eco.

Como una bestia encorvada,
a un yugo vil, aro, y ruego,
y como un águila herida
    muero en silencio.

Rosario

En ti pensaba yo, y en tus cabellos
que el mundo de la sombra envidiaría,
y puse un punto de mi vida en ellos
y quise yo soñar que tú eras mía.

Ando yo por la tierra con los ojos
alzados —¡oh mi afán!— a tanta altura,
que en ira altiva o míseros sonrojos
encendiólos la humana criatura.

Vivir: Saber morir; así me aqueja
este infausto buscar, este bien fiero,
y todo el Ser en mi alma se refleja,
y buscando sin fe, de fe me muero.

A Ana Rita Trujillo

En una elegante caja
me manda un buen corazón,
el sagrado pabellón
que quiero para mortaja.

Nunca el rojo más hermoso
fue en nuestra bandera bella:
Nunca más blanca la estrella:
Nunca el azul más piadoso.

¿Es un premio? ¿Es una cita
para el cielo? ¡No merezco
el premio! Pero ofrezco
¡ir a la cita, Ana Rita!

Cocola: la tormenta

Cocola: la tormenta
en mi hervoroso espíritu se sienta;
y mi espíritu, lleno
de fe inmortal, sopórtala sereno.
Cuando mi fe, perdida
en las sendas oscuras de la vida,
ingrata, me abandone,
siempre en tu hogar habrá quien me perdone.
Mas no habré de perderla,
gallarda niña, enamorada perla:
cuando me halle el honor flojo y cansado,
veré a tu hogar, donde obligado dejo
el alma amante, y en tan claro espejo
¡fuerza hallaré para vivir honrado!

¡Oh niña, en cuerpo y alma
al bien ardiente, y a los ojos bella:
nunca hasta ver tu hogar, supe la calma
que se goza en el seno de una estrella!

Rimas

I

¡Oh, mi vida que en la cumbre
del Ajusco hogar buscó
y tan fría se moría
que en la cumbre halló calor!

¡Oh los ojos de la virgen
que me vieron una vez,
y mi vida estremecida
en la cumbre volvió a arder!

II

Entró la niña en el bosque
del brazo de su galán,
y se oyó un beso, otro beso,
y no se oyó nada más.

Una hora en el bosque estuvo
salió al fin sin su galán:
se oyó un sollozo; un sollozo,
y después no se oyó más.

III

En la falda del Turquino
la esmeralda del camino

los invita a descansar;
el amante campesino
en la falda del Turquino
canta bien y sabe amar.

Guajirilla ruborosa,
la mejilla tinta en rosa
bien pudiera denunciar
que en la plática sabrosa,
guajirilla ruborosa,
callar fue mejor que hablar.

IV

Allá en la sombría,
solemne alameda,
un ruido que pasa,
una hoja que rueda,
parece al malvado
gigante que alzado
el brazo le estruja,
la mano le oprime,
el cuello le estrecha,
y el alma le pide,
y es ruido que pasa
y es hoja que rueda;
allá en la sombría,
callada, vacía,
solemne alameda...

V

–¡Un beso!
   –¡Espera!
    Aquel día
al despedirse se amaron.
–¡Un beso!
   –¡Toma!
    Aquel día
al despedirse lloraron.

VI

La del pañuelo de rosa,
la de los ojos muy negros,
no hay negro como tus ojos
ni rosa cual tu pañuelo.

La de promesa vendida,
la de los ojos tan negros,
más negras son que tus ojos
las promesas de tu pecho.

Juguete

De tela blanca y rosada
tiene Rosa un delantal,
y a la margen de la puerta,
casi casi en el umbral,
un rosal de rosas blancas
y de rojas un rosal.

Una hermana tiene Rosa
que tres años besó abril,
y le piden rojas flores
y la niña va al pensil,
y al rosal de rosas blancas
blancas rosas va a pedir.

Y esta hermana caprichosa
que a las rosas nunca va,
cuando Rosa juega y vuelve
en el juego el delantal,
si ve el blanco abraza a Rosa,
si ve el rojo da en llorar.

Y si pasa caprichosa
por delante del rosal
flores blancas pone a Rosa
en el blanco delantal.

Media noche

¡Oh, qué vergüenza! El sol ha iluminado
la tierra; el amplio mar en sus entrañas
nuevas columnas a sus naves rojas
ha levantado; el monte, granos nuevos
juntó en el curso del solemne día
a sus jaspes y breñas; en el vientre
de las aves y bestias nuevos hijos
vida, que es forma, cobran; en las ramas
las frutas de los árboles maduran:
¡Y yo, mozo de gleba, he puesto solo,
mientras que el mundo gigantesco crece,
mi jornal en las ollas de la casa!
¡Por Dios, que soy un vil! ¡No en vano el sueño
a mis pálidos ojos es negado!
¡No en vano por las calles titubeo
ebrio de un vino amargo, cual quien busca
fosa ignorada donde hundirse, y nadie
su crimen grande y su ignorancia sepa!
¡No en vano el corazón me tiembla ansioso
como el pecho sin calma de un malvado!

¡El cielo, el cielo, con sus ojos de oro
me mira, y ve mi cobardía, y lanza
mi cuerpo fugitivo por la sombra

como quien loco y desolado huye
de un vigilante que en sí mismo lleva!
¡La tierra es soledad! ¡La luz se enfría!
¿Adónde iré que este volcán se apague?
¿Adónde iré que el vigilante duerma?
¡Oh, sed de amor! Oh, corazón prendado
de cuanto vivo el Universo habita:
del gusanillo verde en que se trueca
la hoja del árbol; del erizado jaspe
en que las ondas de la mar se cuajan;
de los árboles presos, que a los ojos
me sacan siempre lágrimas; del lindo
bribón que con los pies desnudos
en fango y nieve, diario o flor pregona.
Oh, corazón, que en el carnal vestido
no hierros de hacer oro, ni belfudos
labios glotones y sensuosos mira,
sino corazas de batalla, y hornos
donde la vida universal fermenta.
Y yo, ¡pobre de mí!, preso en mi jaula,
la gran batalla de los hombres miro.

Noche de mayo

Con un astro la tierra se ilumina;
con el perfume de una flor se llenan
los ámbitos inmensos. Como vaga,
misteriosa envoltura, una luz tenue
naturaleza encubre, y una imagen
misma del linde en que se acaba brota
entre el humano batallar. ¡Silencio!
¡En el color, oscuridad! ¡Enciende
el sol al pueblo bullicioso y brilla
la blanca luz de luna! En los ojos
la imagen va, porque si fuera buscan
del vaso herido la admirable esencia,
en haz de aromas a los ojos surge;
y si al peso del párpado obedecen,
como flor que al plegar las alas pliega
consigo su perfume, ¡en el solemne
templo interior como lamento triste
la pálida figura se levanta!
¡Divino oficio! El universo entero,
su forma sin perder, cobra la forma
de la mujer amada, y el esposo
ausente, el cielo póstumo adivina
por el casto dolor purificado.

¡Oh Margarita!

*U*na cita a la sombra de tu oscuro
portal donde el friecillo nos convida
a apretarnos los dos, de tan estrecho
modo, que un solo cuerpo los dos sean:
deja que el aire zumbador resbale,
cargado de salud, como travieso
mozo que las corteja entre las hojas
    y en el pino
rumor y majestad mi verso aprenda.
Sólo la noche del amor es digna.
La soledad, la oscuridad, convienen.
Ya no se puede amar, oh Margarita.

Crin hirsuta

¿Que como crin hirsuta de espantado
caballo que en los troncos secos mira
garras y dientes de tremendo lobo,
mi destrozado verso se levanta?...
Sí, pero ¡se levanta! A la manera,
como cuando el puñal se hunde en el cuello
de la res, sube al cielo hilo de sangre.
Sólo el amor engendra melodías.

A los espacios

los espacios entregarme quiero,
donde se vive en paz y con un manto
de luz, en gozo embriagador henchido,
sobre las nubes blancas se pasea,
y donde Dante y las estrellas viven.
Yo sé, yo sé, porque lo tengo visto,
en ciertas horas puras, cómo rompe
su cáliz una flor, y no es diverso
del modo, no, con que lo quiebra el alma.
Escuchad y os diré: —viene de pronto
como una aurora inesperada, y como
a la primera luz de primavera
de flor se cubren las amables lilas...
¡Triste de mí! Contároslo quería,
y en espera del verso, las grandiosas
imágenes en fila ante mis ojos
como águilas alegres vi sentadas.
Pero las voces de los hombres echan
de junto a mí las nobles aves de oro.
Ya se van, ya se van. Ved cómo rueda
la sangre de mi herida.
Si me pedís un símbolo del mundo
en estos tiempos, vedlo: un ala rota.
Se labra mucho el oro. ¡El alma apenas!

Ved cómo sufro. Vive el alma mía
cual cierva en una cueva acorralada.
¡Oh, no está bien; me vengaré llorando!

Águila blanca

*D*e pie, cada mañana
junto a mi áspero lecho está el verdugo.
Brilla el sol, nace el mundo, el aire ahuyenta
del cráneo la malicia,
y mi águila infeliz, mi águila blanca,
que cada noche en mi alma se renueva,
al alba universal las alas tiende
y, camino del sol, emprende el vuelo.

Y en vez del claro vuelo al sol altivo
por entre pies ensangrentada y rota,
de un grano en busca el águila rastrea.

Oh noche, sol del triste, amable seno
donde su fuerza el corazón revive,
perdura, apaga el sol, toma la forma
de mujer libre y pura, a que yo pueda
ungir tus pies, y con mis besos locos
ceñir tu frente y calentar tus manos.
Líbrame, eterna noche, del verdugo,
o dale a que me dé con la primera
alba una limpia y redentora espada.
¿Que con qué la has de hacer? ¡Con luz de estrellas!

Cada uno en su oficio

Fábula nueva del filósofo
norteamericano Emerson.

*L*a montaña y la ardilla
tuvieron su querella:
—"¡Váyase usted allá, presumidilla!"
dijo con furia aquélla.
A lo que respondió la astuta ardilla:
—"Sí que es muy grande usted, muy grande y bella;
más de todas las cosas y estaciones
hay que poner en junto las porciones
para formar, señora vocinglera,
un año y una esfera.
Yo no sé que me ponga nadie tilde
por ocupar un puesto tan humilde.
Si no soy yo tamaña
como usted, mi señora la montaña,
usted no es tan pequeña
como yo, ni a gimnástica me enseña.
Yo negar no imagino
que es para las ardillas buen camino
su magnífica falda.
Difieren los talentos a las veces:
ni yo llevo los bosques a la espalda
ni usted puede, señora, cascar nueces."

Brazos fragantes

Sé de brazos robustos,
blandos, fragantes;
y sé que cuando envuelven
el cuello frágil,
mi cuerpo, como rosa
besada, se abre,
y en su propio perfume
lánguido exhálase.
Ricas en sangre nueva
las sienes laten;
mueven las rojas plumas
internas aves;
sobre la piel, curtida
de humanos aires,
mariposas inquietas
sus alas baten.
¡Savia de rosa enciende
las muertas carnes!
Y yo doy los redondos
brazos fragantes,
por dos brazos menudos
que halarme saben,
y a mi pálido cuello

recios colgarse,
y de místicos lirios
collar labrarme!
¡Lejos de mí por siempre
brazos fragantes!

Penachos vívidos

Como taza en que hierve
de transparente vino
en doradas burbujas
el generoso espíritu;
    como inquieto mar joven
del cauce nuevo henchido
rebosa, y por las playas
bulle y muere tranquilo;
    como manada alegre
de bellos potros vivos
que en la mañana clara
muestran su regocijo,
ora en carreras locas,
o en sonoros relinchos,
o sacudiendo el aire
el crinaje magnífico;
    así mis pensamientos
rebosan en mí vívidos,
y en crespa espuma de oro
besan tus pies sumisos,
o en fúlgidos penachos
de varios tintes ricos,
se mecen y se inclinan
    cuando tú pasas ¡hijo!

Sobre mi hombro

*V*ed: sentado lo llevo
sobre mi hombro;
oculto va, y visible
para mí sólo.
El me ciñe las sienes
con su redondo
brazo, cuando a las fieras
penas me postro;
cuando el cabello hirsuto
yérguese y hosco,
cual de interna tormenta
símbolo torvo,
como un beso que vuela
siento en el tosco
cráneo: ¡su mano amansa
el bridón loco!
Cuando en medio del recio
camino lóbrego,
sonrío, y desmayado
del raro gozo,
la mano tiendo en busca
de amigo apoyo,
es que un beso invisible
me da el hermoso
niño que va sentado
sobre mi hombro.

Rosilla nueva

¡*T*raidor! ¿Con qué arma de oro
me has cautivado?
Pues yo tengo coraza
de hierro áspero.
Hiela el dolor: el pecho
trueca en peñasco.

Y así como la nieve,
del sol al blando
rayo, suelta el magnífico
manto plateado,
y salta en hilo alegre
al valle pálido,
y las rosillas nuevas
riega magnánimo;
así, guerrero fúlgido,
roto a tu paso,
humildoso y alegre
rueda el peñasco;
y cual lebrel sumiso
busca saltando
a la rosilla nueva
del valle pálido.

Mi despensero

¿Qué me das? ¿Chipre?
Yo no lo quiero:
ni rey de bolsa
ni posaderos
tienen del vino
que yo deseo;
ni es de cristales
de cristaleros
la dulce copa
en que lo bebo.
Mas está ausente
mi despensero,
y de otro vino
yo nunca bebo.

Isla famosa

Aquí estoy, solo estoy, despedazado,
ruge el cielo; las nubes se aglomeran,
y aprietan, y ennegrecen, y desgajan.
Los vapores del mar la roca ciñen.
¡Sacra angustia y horror mis ojos comen!
¿A qué, naturaleza embravecida,
a qué la estéril soledad en torno
de quien de ansia de amor rebosa y muere?
¿Dónde, Cristo sin cruz, los ojos pones?
¿Dónde, oh sombra enemiga, dónde el ara
digna por fin de recibir mi frente?

¿En pro de quién derramaré mi vida?
Rasgóse el velo; por un tajo ameno
de claro azul, como en sus lienzos abre
entre mazos de sombra Díaz famoso,
el hombre triste de la roca mira
en lindo campo tropical, galanes
blancos, y Venus negras, de unas flores
fétidas y fangosas coronados.
Danzando van; a cada giro nuevo
bajo los muelles pies la tierra cede.
Y cuando en ancho beso los gastados
labios sin lustre ya, trémulos juntan,

sáltanles de los labios agoreras
aves tintas en hiel, aves de muerte.

Mis versos van revueltos

$\mathcal{M}$is versos van revueltos y encendidos
como mi corazón; bien es que corra
manso el arroyo que en el fácil llano
entre céspedes frescos se desliza.
¡Ay!; pero el agua que del monte viene
arrebatada; que por hondas breñas
baja, que las destrozan; que en sedientos
pedregales tropieza, y entre rudos
troncos salta en quebrados borbotones,
¿cómo, despedazada, podrá luego
cual lebrel de salón, jugar sumisa
en el jardín podado con las flores
o en pecera de oro ondear alegre
para querer de damas olorosas?
Inundará el palacio perfumado,
como profanación; se entrará fiera
por los joyantes gabinetes, donde
los bardos, lindos como abates, hilan
tiernas quintillas y rimas dulces
con aguja de plata en blanca seda.
¡Y sobre sus divanes espantadas
las señoras, los pies de media suave
recogerán, —en tanto el agua rota,
falsa, como todo lo que expira,

besa humilde el chapín abandonado
y en bruscos saltos destemplada muere!

Poética

La verdad quiere cetro. El verso mío
puede, cual paje amable, ir por lujosas
salas, de aroma vario y luces ricas,
temblando enamorado en el cortejo
de una ilustre princesa, o gratas nieves
repartiendo a las damas. De espadines
sabe mi verso, y de jubón violeta
y toca rubia, y calza acuchillada.
Sabe de vinos tibios y de amores
mi verso montaraz; pero el silencio
del verdadero amor, y la espesura
de la selva prolífica prefiere:
¡Cuál gusta del canario, cuál del águila!

Canto religioso

a fatiga y las sábanas sacudo;
cuando no se es feliz, abruma el sueño
y el sueño, tardo al infeliz, y el miedo
a ver la luz que alumbra su desdicha
resístense los ojos, y parece
no que en plumones mansos se ha dormido
sino en los brazos negros de una fiera.
Al aire luminoso, como al río
el sediento peatón, dos labios se abren:
el pecho en lo interior se encumbra y goza
como el hogar feliz cuando recibe
el Año Nuevo a la familia amada;
¡Y brota, frente al sol, el pensamiento!

Más súbito, los ojos se oscurecen,
y el cielo, y a la frente va la mano
cual militar que el pabellón saluda:
los muertos son, los muertos son, devueltos
a la luz maternal: los muertos pasan.

Y sigo a mi labor, como creyente
a quien unge en la sien el sacerdote
de rostro liso y vestiduras blancas.
Practico: en el divino altar comulgo
de la naturaleza: es mi hostia el alma humana.

Dormida

Más que en los libros amargos
el estudio de la vida,
pláceme en dulces letargos,
verla dormida:

De sus pestañas al peso
el ancho párpado entorna,
lirio que, al sol que se torna,
se cierra pidiendo un beso.

Y luego como fragante
magnolia que desenvuelve
sus blancas hojas, revuelve,
el tenue encaje flotante;

de mi capricho al vagar
imagínala mi amor,
¡una Venus del pudor
surgiendo de un nuevo mar!

Cuando la lámpara vaga
en este templo de amores,
con sus blandos resplandores
más que la alumbra, la halaga;

cuando la ropa ligera
sobre su cutis rosado,
ondula como el alado
pabellón de Primavera;

cuando su seno desnudo,
indefenso, a mi respeto
pone más valla que el peto
del bravo guerrero rudo;

siento que puede el amor,
dormida y desnuda al verla,
dejar perla a la que es perla,
dejar flor a la que es flor;

sobre sus labios podría
los labios míos posar,
y en su seno reclinar
la pobre cabeza mía,

y con mi aliento volver
mariposa a la crisálida;
a la clara rosa pálida
animar y enrojecer,

pero aquí, desde la sombra
donde amante la contemplo,
manchar no quiero del templo
con paso impuro la alfombra.

Al acercarme, en ligera
procesión avergonzado,
¿no volaría el alado
pabellón de primavera?

¡Al reflejarme el espejo,
que la copia entre albas hojas,
negras las tornara y rojas
de la lámpara al reflejo!

Dicen que suele volar
por los espacios perdida
el alma, y en otra vida
sus alas puras bañar;

dicen que vuelve a venir
a su cuerpo con la aurora,
para volver —¡la traidora!—
con cada noche a partir,

y si su espíritu en leda
beatitud los cielos hiende,
de esa mujer que se extiende
bella ante mí ¿qué queda?

Blanco cuerpo, línea fría,
molde hueco, vaso roto,
¡y viajera por lo ignoto
la luz que los encendía!

Y ¿a mí que tanto te quiero,
delicada peregrina,
turbar la marcha divina
de tu espíritu viajero?

¡Duerme entre tus blancas galas!
¡Duerme, mariposa mía!
Vuela bien: ¡mi mano impía
no irá a cortarte las alas!

A mis hermanos muertos
el 27 de noviembre

*C*adáveres amados los que un día
ensueños fuisteis de la patria mía,
¡Arrojad, arrojad sobre mi frente
polvo de vuestros huesos carcomidos!
¡Tocad mi corazón con vuestras manos!
¡Gemid a mis oídos!
¡Cada uno ha de ser de mis gemidos
lágrimas de uno más de los tiranos!
¡Andad a mi redor; vagad en tanto
que mi ser vuestro espíritu recibe,
y dadme de las tumbas el espanto,
que es poco ya para llorar el llanto
cuando en infame esclavitud se vive!

Antes de trabajar

Antes de trabajar, como el cruzado
saludaba a la hermosa en la arena,
la lanza de hoy, la soberana pluma
embrazo, a la pasión, corcel furioso
con mano ardiente embrido, y de rodillas
pálido domador, saludo al verso.

Después, como el torero, al circo salgo
a que el cuerno sepulte en mis entrañas
el toro enfurecido. Satisfecho
de la animada lid, el mundo amable
merendará, mientras expiro helado,
pan blanco y vino rojo, y los esposos
nuevos se encenderán con las miradas.

En las playas el mar dejará en tanto
nuevos granos de arena: nuevas alas
asomarán ansiosas en los huevos
calientes de los nidos: los cachorros
del tigre echarán diente: en los preñados
árboles de la huerta, nuevas hojas
con frágil verde poblarán las ramas.

Mi verso crecerá: bajo la yerba
yo también creceré: ¡Cobarde y ciego
quien del mundo magnífico murmura!

Al extranjero

Hoja tras hoja de papel consumo:
rasgos, consejos, iras, letras fieras
que parecen espadas: lo que escribo,
por compasión lo borro, porque el crimen,
en crimen es al fin de mis hermanos.
Huyo de mí, tiemblo del sol; quisiera
saber dónde hace el topo su guarida,
dónde oculta su escama la serpiente,
dónde sueltan la carga los traidores,
y dónde no hay honor, sino ceniza:
¡Allí, más sólo allí, decir pudiera
lo que dicen y viven! ¡Que mi patria
piensa en unirse al bárbaro extranjero!

Tonos de orquesta...

Tonos de orquesta y música sentida
tiene mi voz, ¿qué céfiro ha pasado
que el salterio sangriento y empolvado
con soplo salvador vuelve a la vida?

Te lo diré: la arena de colores
del páramo sediento, calenturiento
tiembla, sube revuelta, y cae en flores
nuevas y extrañas cuando pasa el viento.

En las teclas gastadas y frías
del clave en el desván arrimado
con sus manos de luz toca armonías
sublimes un querube enamorado.

Esta edición se terminó de imprimir en
STUDIO GRAFICO
Perdriel 1480 - Capital Federal
en el mes de octubre de 1999